Роберт-Луи Стивенсон.

ДЕТСКИЙ ЦВЕТНИК СТИХОВ.

ПЕРЕВЕЛИ С АНГЛИЙСКОГО:
Ю. Балтрушайтис, К. Бальмонт, В. Брюсов,
Я. Мексин, О. Румер, Вл. Ходасевич.

Украшения Г. ПАШКОВА.

ГОСУДАРСТВЕННОЕ ИЗДАТЕЛЬСТВО.
Москва.—1920.

Российская Социалистическая Федеративная Советская Республика.

„Пролетарии всех стран соединяйтесь!"

ЛИТЕРАТУРНАЯ КОМИССИЯ ПРИ ПЕДАГОГИЧ. УЧРЕЖДЕНИИ
„НАШ ДОМ".

Роберт-Луи Стивенсон.

ДЕТСКИЙ ЦВЕТНИК СТИХОВ.

ПЕРЕВЕЛИ С АНГЛИЙСКОГО:

Ю. Балтрушайтис, К. Бальмонт, В. Брюсов,
Я. Мексин, О. Румер, Вл. Ходасевич.

Украшения Г. ПАШКОВА.

ИЗДАТЕЛЬСТВО
Всероссийского Центрального Исполнительного Комитета
Советов Рабочих, Крестьянских и Красноарм. Депутатов.

МОСКВА. — 1920.

МОСКВА.

Типография Т-ва И. Д. Сытина. Пятнацкая ул., свой дом.

1920.

Роберт-Луи Стивенсон.
(1850—1894).

КНИГИ С КАРТИНКАМИ ЗИМОЙ.

Меркнет лето, час зимы—
Холод, близость долгой тьмы,
Зимний вихрь, сменивший зной,
Сказки в книге расписной.

Стали воды, как кремень,
Где брожу я целый день.
Все же есть и ключ живой
В сказках книги расписной.

Цвет увял и свет погас,
Ныне видит детский глаз
Луг и стадо, мир лесной
Только в книге расписной.

Как тебе воздать хвалу,
Счастье зимнее в углу,
Где я с нянею, с родной,
Занят книгой расписной!

ВЫЧИТАННЫЕ СТРАНЫ.

Вкруг лампы за большим столом
Садятся наши вечерком.
Поют, читают, говорят,
Но не шумят и не шалят.

Тогда, сжимая карабин,
Лишь я во тьме крадусь один
Тропинкой тесной и глухой
Между диваном и стеной.

Меня никто не видит там,
Ложусь я в тихий мой вигвам.
Объятый тьмой и тишиной,
Я—в мире книг, прочтенных мной.

Здесь есть леса и цепи гор,
Сиянье звезд, пустынь простор—
И львы к ручью на водопой
Идут рычащею толпой.

Вкруг лампы люди — ну, точь в точь
Как лагерь, свет струящий в ночь,
А я — индейский следопыт —
Крадусь неслышно, тьмой сокрыт...

Но няня уж идет за мной.
Чрез океан плыву домой,
Печально глядя сквозь туман
На берег вычитанных стран.

НОЧЬ И ДЕНЬ.

Когда к нам ночь глядит в окно,
Не дремлет солнышко; оно
Вокруг земли свой путь вершит,
А утром к нам опять спешит.

Когда у нас так светел сад
И дети в нем шумят, шалят,
Индейцев маленьких в кровать,
Поцеловав, уносит мать.

Когда же на ночь я раздет,
Тогда в Америке рассвет,
И там уж чует детвора,
Что скоро ей вставать пора.

ЗИМОЙ И ЛЕТОМ.

Зимой, еще не брезжет свет,
А я уже умыт, одет.

Напротив, летом спать меня
Всегда кладут при свете дня.

Средь бела дня я спать иду,
А птицы прыгают в саду,

И взрослые, покинув дом,
Гуляют под моим окном.

Скажите, это ли не зло:
Когда еще совсем светло,

И так мне хочется играть, —
Вдруг должен я ложиться спать!

КАЧЕЛИ.

Скажи: ты любишь с доской качелей
    Взлетать среди ветвей?
Ах, я уверен, из всех веселий
    Это — всего милей!

Взлечу высоко над оградой,
    Все разом огляну:
Увижу речку, и лес, и стадо,
    И всю страну!

Вот сад я вижу внизу глубоко,
    И крыши, и карниз,
На воздух вверх я лечу высоко,
    На воздух вверх и вниз!

САДОВНИК.

Как садовник наш суров!
Он не любит лишних слов,
Все меня гоняет с гряд,
На запоре держит сад.

Сам под тенью старых груш,
Молчалив и неуклюж,
Целый день, совсем как крот,
Роет сад и огород.

Как ни рано я приду,
А садовник уж в саду;
Полет гряды и цветы,
Сор метет, стрижет кусты.

А ведь лето минет вдруг,
Дни настанут стуж и вьюг,
Ты, старик, на долгий срок
Бросишь тачку и песок!

Так не лучше ль нам вдвоем,
Дорожа счастливым днем,
Мой шалаш скорей собрать
И в индейцев поиграть!

НАША КОРОВА.

Мою Буренушку ни с кем
    Сравнить я не могу:
Она дает мне сладкий крем
    И сливки к пирогу.

Под лаской ясного луча
    По травке взад-вперед
Она скитается, мыча...
    Над ней—небесный свод.

И, равнодушная к дождям
    И к ветрам с высоты,
Она гуляет по лугам
    И кушает цветы.

МОИ СОКРОВИЩА.

Те орехи, что в красной коробке лежат,
Где я прячу моих оловянных солдат,
Были собраны летом: их няня и я
Отыскали близ моря, в лесу у ручья.

А вот этот свисток (как он звонко свистит!)
Нами вырезан в поле у старых ракит;
Я и няня моим перочинным ножом
Из тростинки его мастерили вдвоем.

Этот камень большой с разноцветной каймой
Я едва дотащил, весь иззябнув, домой;
Было так далеко, что шагов и не счесть...
Что отец ни тверди, а в нем золото есть!

Но что лучше всего, что как царь меж вещей,
И что вряд ли найдется у многих детей,
Вот стамеска: зараз рукоять-лезвее...
Настоящий столяр подарил мне ее!

МОИ ВЛАДЕНИЯ.

Внизу, где вьется ручеек,
Где красный вереск, желтый дрок
　　Раскинули кусты,
Лощинку я облюбовал
И там, играя, создавал
　　Мир жизни и мечты.

Назвал я морем свой ручей,
И флот груженых кораблей
　　Пустил в далекий край.
По волшебству в единый миг
Приморский город там возник
　　С мостом и цепью свай.

Я всем владел, всему один
Был полновластный господин:
　　Мне пчелка дань несла,
И птица пела в вышине,
И рыбка в ясной глубине
　　Мелькала, как стрела...

Я верил: моря нет бурней,
Равнин—обширней, зеленей,
   И был так горд собой!
Вдруг слышу сверху мамин зов...
Вечерній чай уже готов,
   Пора итти домой.

Прощай, чудесный мой мирок:
Ручей, лощинка, вереск, дрок;
   Прости, мой славный флот!..
Я в дом вхожу. Он пуст и хмур,
В нем все громоздко черезчур
   И скукою гнетет.

ГОРОД ИЗ ДЕРЕВЯШЕК.

Бери деревяшки и строй городок:
Дома и театры, музеи и док;
Пусть дождик прольется и хлынет опять:
Нам весело дома дворцы созидать!

Диван, это—горы, а море—ковер.
Мы город построим близ моря у гор.
Вот—мельница, школа, здесь—башни, а там
Обширная гавань—стоять кораблям.

Дворец на холме—и красив и высок;
С терассой колонной, он сам—городок;
Пологая лестница сверху ведет
До моря, где в бухте собрался наш флот.

Идут корабли из неведомых стран;
Матросы поют про седой океан
И в окна глядят, как по залам дворца
Заморские вещи несут без конца.

Но время покончить! Всему есть свой срокъ!
В минуту разрушен весь наш городок.
Лежат деревяшки, как брошенный сор.
Где ж город, наш город близ моря у гор?

Но был он! Я вижу его пред собой:
Дома, корабли и дворцы с их толпой!
И буду всю жизнь я любить с этих пор
Тот город, наш город близ моря у гор.

НА ПАРОХОДЕ.

Нам стулья темный дал чулан,
Подушки разные — диван,
И вот готов наш пароход
Лететь стрелой по глади вод.

У нас есть гвозди и пила,
Воды нам няня принесла,
А Том сказал: „Ты не забудь
Взять яблоко и пряник в путь!“
Теперь вперед в далекий край,
Пока не позовут пить чай!

Плывем мы день, плывем другой
И наслаждаемся игрой...
Вдруг Том упал, разбивши нос,
И я — один теперь матрос.

МОЯ ПОСТЕЛЬ—ЛАДЬЯ.

Моя постель, как малый чолн.
Я с няней снаряжаюсь в путь,
Чтоб вдруг, пловцом средь тихих волн,
    Во мраке потонуть.

Чуть ночь, я на корабль всхожу,
Шепнув покойной ночи всем,
И к неземному рубежу
    Плыву и тих, и нем.

И как моряк, в ладью с собой
Я нужный груз подчас кладу:
Игрушку или мячик свой
    Иль пряник на меду.

Всю ночь мы вдаль сквозь тьму скользим;
Но в час зари я узнаю,
Что я—и цел, и невредим—
    У пристани стою.

СТРАНА КРОВАТИ.

Когда я много дней хворал,
На двух подушках я лежал,
И чтоб весь день мне не скучать,
Игрушки дали мне в кровать.

Своих солдатиков порой
Я расставлял за строем строй,
Часами вел их на простор—
По одеялу, между гор.

Порой пускал я корабли;
По простыне их флоты шли;
Брал деревяшки иногда
И всюду строил города.

А сам я был как великан,
Лежащий над раздольем стран —
Над морем и громадой скал
Из простыни и одеял!

НА МОРСКОМ БЕРЕГУ.

Люблю играть в морской песок!
Пророешь озеро, проток,
И путь воде готов;

Струя обходит длинный круг
И ямку, словно чашу, вдруг
Наполнит до краев.

ДОЖДЬ.

Повсюду дождь: он льет на сад,
На хмурый лес вдали,
На наши зонтики, а там —
В морях — на корабли.

ВСЕ ПОЮТ.

Про яйца пестрые поет,
     Про гнезда птичий хор;
Моряк поет про пароход
     И про морской простор.

Поет на юге детвора
     И там, где лета нет...
Под дождиком среди двора
     Поет шарманщик дед.

МОЯ ТЕНЬ.

Везде мне тень сопутствует, следя мой каждый шаг,
Но для чего нужна она, я не пойму никак.
Она похожа на меня, как будто брат родной,
И только прыгну я в кровать, она туда ж за мной.

Всего забавнее мне то, как вырастает тень:
Не так, как дети—медленно и понемногу в день,—
Нет, — сразу вдруг раздвинется то в высоту, то
                                                    в ширь,
Потом вдруг сразу съежится, как лопнувший пузырь.

Как надобно с детьми играть, ей просто невдомек,
И только   ей и радости, что путаться меж ног.
Все льнет ко мне... Трусихи я не видывал такой!
А мне вот стыдно прятаться за няниной спиной.

Однажды я до солнышка проснулся и босой
К окошку подошел: весь луг еще сверкал росой,
А тень моя, ленивица, все продолжала спать:
Покинуть не хотелось ей нагретую кровать.

ОСЕННИЕ ОГНИ.

Там в садах, далеко,
По лугам седым,
От костров осенних
Восходящий дым.

Лето миновало,
Стебля нет с цветком,
Над костром багряным
Серый дым столбом.

Пойте песню часа!
Всюду—знак есть чар:
Летом цвет расцветший,
Осенью — пожар!

КУДА УПЛЫВАЕТ ЧЕЛНОК?

Река с водой густою,
Песок в нем — как звезда.
Деревья над водою,
Вода бежит всегда.

Там смотрят в листья волны,
Из пены замки там,
Мои плывут там чолны
К безвестным берегам.

Бежит вода в теченьи,
Уж мельница — вдали,
Долины в отдаленьи,
Холмы в туман ушли.

Мелькает зыбь, как сети,
Сто верст бежит поток
А там другие дети
Мой приютят челнок.

СТРАНА ДРЕМОТЫ.

С рассвета до ночных теней
Сижу я дома средь друзей;
Но только ночь затмит мой кров,
Я удаляюсь в царство Снов.

И в даль Дремоты, в тишь и тьму,
Итти мне нужно одному—
Вдоль рек, с откоса на откос,
По сказочным уступам грёз.

Я вижу много чудищ, лиц,
И пышных яств, нездешних птиц;
И страшных призраков полна
Полночная обитель Сна.

И где змеится к ней стезя,
Средь дня изведать мне нельзя,
Ни вспомнить ясно и вполне
Живую музыку во сне.

ЛУНА.

Лицо у луны, как часов циферблат.
Им вор озарен, залезающий в сад,
И поле, и гавань, и серый гранит,
И город, и итичка, что в гнездышке спит.

Пискливая мышь, и мяучащий кот,
И пес, подвывающий там, у ворот,
И нетопырь, спящий весь день у стены,—
Как все они любят сиянье луны!

Кому же милее дневное житье—
Ложатся в постель, чтоб не видеть ее:
Смежают ресницы дитя и цветок,
Покуда зарей не заблещет восток.

Стивенсон, Роберт-Луи (род. в 1850 г.—умер в 1894 г.)—один из самых обаятельных писателей Англии на исходе XIX века. Его произведения отмечены красочным воображением и чарующей прелестью языка. Большую часть своей недолгой жизни Стивенсон провел в путешествиях, а с 1888 г. поселился на одном из островов Самоанского архипелага, пленившего его своей буйной природой и красотой туземного населения. Шесть лет, проведенных им в этой экзотической стране, были последними в его жизни; могила страстного путешественника и несравненного художника слова находится на одном из потухших вулканов Тихого океана.

Русским читателям Стивенсон давно известен; большинство его прозаических произведений не раз переводилось на русский язык. Однако, переводы эти, к сожалению, очень редко передают художественную прелесть оригинала, и для многих, читавших в молодости „Остров сокровищ“, „Новые Арабские сказки“, а в более зрелом возрасте—

„Историю д-ра Джекилля и м-ра Гайда", эти жемчужины английской художественной прозы—лишь рассказы с занимательной фабулой, настолько безличные, что имя их автора редко у кого остается в памяти.

Но если мало оценен в России Стивенсон-прозаик, то совершенно неизвестен Стивенсон-поэт. А между тем его стихи отличаются высокими достоинствами и у себя на родине пользуются заслуженной любовью. Сборник под названием „Детский цветник стихов"—одна из наиболее привлекательных книг Стивенсона—давно сделался товарищем английских детей. Избранные стихотворения этой книги предложены здесь вниманию русских читателей—педагогов, родителей и детей.

О. Р.

СОДЕРЖАНИЕ.

———

———

www.ingramcontent.com/pod-product-compliance
Lightning Source LLC
Chambersburg PA
CBHW081453070426
42452CB00042B/2686